Schätze der Stadt

Historische Fassaden in Gelsenkirchen

Fotografiert von Gerhard Verfürth

Erstauflage von 750 Exemplaren

Impressum

Herausgeber: Förderverein Lokale Agenda 21 in Gelsenkirchen e.V.

Fotos: Gerhard Verfürth

Idee: Markus Gebhard
Konzept: Niels Funke, Werner Rybarski
Texte: Michael Godau
Redaktion: Sarah Kühnert
Gestaltung: Niels Funke, Sarah Kühnert, Werner Rybarski
Titelbildcollage: Werner Rybarski

ISBN: 978-3-98 12298-6-8

Gelsenkirchen, 1. Auflage, November 2012

Druck: Makossa Druck und Medien

Kontakt: aGEnda 21-Büro, Von-Oven-Straße 19, 45879 Gelsenkirchen
Telefon: 0209 / 147 91 30, Fax: 0209 / 147 91 31
E-Mail: buero@agenda21.info
Website: www.agenda21.info

Für die Ermöglichung dieses Buches danken wir der Volksbank Ruhr Mitte

Zum Geleit

Vergangenheit bewahren, Zukunft gestalten - unter diesem Leitgedanken steht ein neues Projekt des Netzwerkes der Bildung für nachhaltige Entwicklung in Gelsenkirchen, in dem auch die Volksbank Ruhr Mitte seit Jahren engagiert ist.

Gründerzeit- und Jugendstilfassaden prägen heute an vielen Stellen unser Stadtbild. Prachtvolle, elegante und detailverliebte Fassaden schmücken noch immer eine Vielzahl von Wohngebäuden aus der Gründerzeit Gelsenkirchens. Lange Zeit fanden diese Gebäude wenig Beachtung, anderen Baustilen wie dem Backsteinexpressionismus wurde eine größere Aufmerksamkeit zuteil.

Dies verändert sich langsam. Der Bildband "Schätze der Stadt" zeigt die Vielfalt und Schönheit dieser Epoche in Gelsenkirchen.

Doch dieser Bildband will mehr sein als nur ein bunter Rückblick in die Vergangenheit. Zukunftssicherung basiert immer auf der Vergangenheit einer Gesellschaft. Diese zu kennen, mit ihr zu leben, ermöglicht erst eine Zukunft im Sinne einer nachhaltigen Stadtentwicklung.

M. Ingrid Stange
1. Vorsitzende des Fördervereins
Lokale Agenda 21 Gelsenkirchen e.V.

Dr. Manfred Beck
Vorstand für Kultur, Bildung, Jugend, Sport und Integration der Stadt Gelsenkirchen

Dr. Peter Bottermann
Sprecher des Vorstandes
Volksbank Ruhr Mitte

Inhalt

1. Einleitung

2. Historische Fassaden in Gelsenkirchen

3. Anhang

„Tradition ist die Weiterreichung der Glut, nicht der kalten Asche."

Ricarda Huch

Schätze zu entdecken

Äcker, Wiesen und Auenwälder dominierten bis in die Mitte des 19. Jahrhunderts das Gebiet des heutigen Gelsenkirchens. Kleinbäuerlich geprägt und dünn besiedelt lebten im Jahre 1850 nur 680 Einwohner in Gelsenkirchen.

Ein Vierteljahrhundert später war die Landschaft nicht mehr wiederzuerkennen. Mit 37.000 Einwohnern bekam Gelsenkirchen 1875 die Stadtrechte. Aus den kleinen Kotten und Dörfern war im Zuge des Kohlebergbaus und der Industrialisierung eine wahre Boomtown entstanden. Die junge Stadt lockte Menschen, im Besonderen aus den deutschen Ostgebieten in großer Zahl an. Es gab Arbeit, für damalige Verhältnisse gut bezahlte Arbeit.

Zuerst wild und anarchisch entstand eine hoch verdichtete Industrielandschaft mit Wohnungen, Geschäften, Behörden, Infrastruktur und vor allem großen Industriebauten. Der rasante Aufstieg zu einer Großstadt mit über 100.000 Einwohnern im Jahre 1903 und einer der bedeutendsten Bergbaustädte auf dem europäischen Kontinent machte Gelsenkirchen zu einer wohlhabenden Arbeiterstadt.

Immer größere Zechen, Kokereien und Stahlwerke wuchsen förmlich aus dem Boden. Stadt der tausend Feuer nannte man die junge Industriestadt. 1925 lebten schon über 205.000 Menschen in der Stadt.

Historismus
- stadtbildprägendes Element

Architektonisch prägte diese Gründerphase Gelsenkirchen wie keine andere. Es entstanden unzählige Wohngebäude, häufig in drei- bis fünfgeschossiger Blockrandbebauung und mit reich dekorierten Fassaden. Es waren Schaufassaden, ohne funktionale Aspekte repräsentierten sie Reichtum und Aufstieg des Bürgertums.

Säulen, Figuren, Erker und ein Mix aus verschiedenen Baustilen sollten zudem eine historische Stadtatmosphäre erzeugen.

Doch die Häuser dieser Zeit gerieten schnell in Vergessenheit. Schon mit Ende des 1. Weltkrieges genoss die Stilrichtung aus der Gründerzeit, der sogenannte Historismus, keine besondere Wertschätzung mehr. Die fehlende Eigenständigkeit, das Kopieren alter Fassadenstrukturen und das wilde Durcheinander der verschiedensten Stilelemente entsprachen nicht mehr der neuen Zeit.

Die Gesellschaft befand sich in Aufbruchstimmung, dies spiegelte sich auch in der Architektur der 1920/30er Jahre wieder. Jugendstil, Heimatschutzarchitektur und Backstein-Expressionismus entwickelten sich nun zu den stadtbildprägenden Bauformen.

Zerbombt, abgerissen und wegrenoviert

Gut erhaltene Gründerzeitbauten, einst Statussymbol einer aufstrebenden Stadt sind auch in Gelsenkirchen selten geworden. Dafür sind nicht nur die großflächigen Zerstörungen im 2. Weltkrieg verantwortlich zu machen. Selbst leicht beschädigte Gründerzeitbauten fielen in der Nachkriegszeit der Abrissbirne zum Opfer. Häuser die nicht abgerissen wurden sind häufig, zumindest im Parterrebereich, stark renoviert worden.

Dabei verschwanden die vielfältigen Fassadendekorationen, die den Reiz dieser Häuser ausmachen, auf unwiederbringliche Art und Weise. Entstuckt und modernisiert haben sie ihre gefälligen Proportionen verloren und können einer Stadt kein Gesicht mehr geben. Lange Zeit hat dies niemanden gestört, nicht den Historiker, den Stadtplaner und Architekten und selbst die Bürger fanden Gründerzeitbauten lange als wenig attraktiv.

Ein neues Denken

Schloss Horst, Heilig-Kreuz-Kirche, Hans-Sachs-Haus, Siedlung Flöz Sonnenschein, Zeche Nordstern, Musiktheater, Wissenschaftspark - die Liste der heutigen architektonischen Perlen Gelsenkirchens ist lang. Gründerzeitbauten und Profanbauten des Jugendstils kommen darin aber nicht vor. Schade, denn Gelsenkirchen hat immer noch eine Menge, inzwischen teilweise sogar gut restaurierte Gebäude aus dieser Zeit in schönen Ensembles und Einzelgebäuden vorzuweisen.

Diese Schätze zu suchen, zu erkennen, sich ihrer Bedeutung für das Stadtbild bewusst zu werden und zu schützen, sollte Aufgabe und Ziel aller Gelsenkirchener werden. Nur durch die Bewahrung dieser Architektur lässt sich Zukunft gestalten. Schließlich stehen die Gebäude des Historismus, wie keine anderen, für die Blütezeit dieser Stadt.

Blickrichtung Detail

Der Gelsenkirchener Fotograf Gerhard Verfürth ist einer der Ersten, der sich auf den Weg gemacht hat, erhaltene Gründerzeitfassaden und als Ergänzung einige wenige Jugendstilfassaden fotografisch zu dokumentieren. Er hat dabei eine ungeheure Vielfalt an Strukturen, Farben, Mustern, Ornamenten und Abbildungen gefunden. Trotzdem kann seine Auswahl und die Veröffentlichung dieses Buches nur einen ganz kleinen Ausschnitt der Fassadenvielfalt geben. Natürlich einen subjektiven Ausschnitt.

Unterstützt wird die subjektive Herangehensweise an das Thema durch seine Blickrichtung hin zum Detail. Neugierde schaffen, selbst mit Blick schräg nach oben durch die Stadt zu gehen, bewusst hinzuschauen und dabei überall Neues im Alten zu entdecken, dafür steht dieses Buch. Es ist weniger ein Fassadenführer - viel mehr ist es eine Schatzkarte der Stadt.

Gelsenkirchen-West

Markenstraße

Seite 14 und 15: Industriestraße und Devenstraße, diese Seite: Industriestraße

Industriestraße

Schlangenwallstraße und Buerer Straße

Poststr. und Boystraße

1950-1970
Fußball im Revier

Markenstraße

Devenstraße

Industriestraße und Marienfriedstraße

Gelsenkirchen-Nord

Polsumer Straße

Polsumer Straße, Polsumer Straße, Mährfeldstraße und Im Eichhol

Erbaut 100 Jahre nach der Erhebung Preußens. Anno 1913.

Polsumer Straße

Mährfeldstraße

21

NOTAR
Dirk F. Bogatz

Dorstener Straße

Dorstener Straße

Seite 42: Horster Straße, Seite 44: Sedanstraße

Horster Straße

Sedanstraße, Hochstraße, Hochstraße

Horster Straße

Horster Straße

unten: Schreinerstraße

Hochstraße

unten: Horster Straße, inzwischen leider abgerissen

Drechsler Straße und Hugostraße

Gelsenkirchen-Ost

Hagenstraße und Ahornstraße

Wo steht dieses Gebäude?

Ewaldstraße

MORGENSTU

D HAT GOLD IM MUND

Cranger Straße

Wo steht dieses Haus?

Brukterer Straße, unten: Cranger Straße, rechts: St. Barbarastraße

St. Barbarastraße

Brukterer Str.

Gelsenkirchen-Mitte

Ruhrstraße und Küppersbuschstraße

Küppersbuschstr.

Franz-Bielefeld-Straße

Münchener Straße und Liboriusstraße

Münchener Straße

Seite 84: Ruhrstraße, Seite 86: Luitpoldstraße

ERBAUT 1899

Rheinische Straße

Bismarckstraße

Bismarckstraße

Bickernstraße

Paulstraße

Bismarckstraße

Bismarckstraße

Hüttenstraße

Hüttenstraße

Seite 100: Wanner Straße, Seite 101: Vohwinkelstraße, Seite 102: Klosterstraße,
Seite 103: Munckelstraße

Bahnhofstraße

Marienfriedstraße

Schwarzmühlenstraße

52

Karolinenstraße und Feldmarkstraße

Bertastraße

Feldmarkstraße

16

Hördeweg

Gelsenkirchen-Süd

Schonnebeckstraße

Neustadtplatz

Bergmannstraße

Bergmannstraße, Metzer Straße und Ückendorfer Straße

Virchowstraße

Karl-Meyer-Straße

Anno
Domini
1907

Steeler Straße

Karl-Meyer-Straße, Karl-Meyer-Straße

Steeler Straße

Karl-Meyer-Straße

1. Über das aGEnda 21-Projekt „Entdecke deine Stadt!"

Entdecke Deine Stadt - Blicke nach oben!

Menschen unserer Stadt sind, ebenso wie Besucher, dazu aufgerufen Gelsenkirchens Architektur näher kennenzulernen. Gerade die bewusste Wahrnehmung der vielen- Profanbaufassaden aus der Gründerzeit und der Jugendstilepoche machen eine intensive Auseinandersetzung mit der Stadtgeschichte und eine Identifikation mit dem Lebensumfeld Stadt möglich. Ebenso dient die Initiative "Entdecke Deine Stadt - Blicke nach oben!" dem Erhalt und der fachgerechten Restauration von Alltagsarchitektur. In Zeiten des Klimaschutzes und der damit notwendigerweise verbundenen Veränderungen unseres Stadtbildes kann die bewusste Wahrnehmung unsere Schätze auch eine bewahrende Rolle spielen.

Dieser Bildband kann nur ein erster Trittstein auf diesem Wege sein. Weitere vertiefende Aktionen sind in Vorbereitung. Dazu gehört ein Fassadenatlas im Internet, genauso wie die Entwicklung einer Ausstellungsreihe mit interessanten Fassaden. Dazu sind neben dem bisherigen Machern des Projektes auch weitere Interessierte zur Mitarbeit herzlich aufgerufen.

Die Ausarbeitung von gesamtstädtischen Entdeckungstouren und stadtteilorientierte Fassadenrallyes für verschiedenste Zielgruppen bilden einen weiteren Schwerpunkt des Gesamtprojektes. Kinder und Jugendliche werden dabei angesprochen, aber auch Vereine, Senioren und Touristen. Gut erhaltene Fassaden sollen zudem von einer Jury, bestehend aus Schülern, Lehrern und Projektmachern ausgezeichnet werden.

Abwaschbare Graffitis auf dem Gehweg könnten die Aufmerksamkeit aller Bürger auf solche preisgekrönten Fassaden werfen.

Die Betrachtung und Auseinandersetzung mit den Themen Stadtgeschichte, Architektur und Lebensumfeld kann nur durch ein solches vielgliedriges und vernetztes Aktionsprogramm nachhaltig Einklang in unseren Alltag finden.

Gelsenkirchens Liste der denkmalgeschützten Bauten ist lang, doch Häuser aus der Zeit des Historismus und des Jugendstils finden sich kaum darunter. Gerade die Häuserzeilen aus der Gründerzeit sind über viele Jahrzehnte aus der Sicht des Denkmalschutzes wenig beachtet worden. Wirklich komplett erhaltene Fassaden lassen sich leider nur noch selten finden.

Gerade im Parterregeschoss sind diese Bauten oft verschlimmbessert worden. Häufig gewerblich genutzt, sind bei so manchem Neubezug Fassadenumgestaltungen aus einem Stilmix von Baumarktfliesen, Neuverputzungen und Veränderungen der Proportionen durchgeführt worden. Die wahre Schönheit solcher Häuser zeigt sich dann erst wieder beim Blick nach oben. Ebenso problematisch ist bei manchen Gründerzeitbauten der Gesamterhaltungszustand.

Renovierungen der detailreichen und vielgliedrigen Frontfassaden sind aufwendig und teuer. Geringe Mieteinkünfte, oftmals bedingt durch die Lage an lauten und abgasreichen Verkehrsachsen, wie der Rotthauser Straße, der Bismarckstraße oder der Horster Straße begünstigten zudem einen sichtbaren Sanierungsstau.

Ein weiteres Problemfeld der Erhaltung von Gründerzeit- und Jugendstilfassaden liegt im Bereich der energetischen Sanierung von Altbauten. Durch eine Vielfalt an Förderprogrammen, von der städtischen über die Landes- und Bundesebene bis hin zu EU-Geldern, sind in den letzten Jahren viele Altbauten renoviert und umgestaltet worden. Energieeinsparungen von bis zu 70 Prozent sind die Folge solcher Maßnahmen. Die Notwendigkeit aus Klimaschutzgründen in Zukunft verstärkt energetische Sanierungen durchzuführen ist evident. Gerade Altbauten sind davon betroffen.

Problemlos sind Gesamtsanierungen zum Beispiel bei den meisten Bauten aus der Nachkriegszeit umsetzbar. Deren glatte, aufgeräumte und von jeglichem Zierrat befreite Fassaden behalten ihre ursprüngliche Form und Wirkung auch nach einer Komplettsanierung. Anders sieht es bei Gründerzeit- und Jugendstilbauten aus.

Eine energetische Außenfassadensanierung ist nur mit der Konsequenz durchführbar, dass im Anschluss ein optisch wenig befriedigendes und falsch proportioniertes Gebäude entsteht, dass seine einstige Pracht und Schönheit verloren hat. Die Folge wäre eine geschichts- und gesichtslose Stadt.

Doch energetische Sanierungen können durchaus die Gesichtspunkte des Denkmalschutzes und des Erhalts stadtprägender Häuserfassaden berücksichtigen.

Dazu gibt es eine ganze Palette von intelligenten Maßnahmen, die von der Fenstersanierung bis hin zu kompletten Dach- und Perimeterdämmungen reichen können. Auch der Einbau neuester Heizungstechnologie und Solarthermie führt zu guten Ergebnissen im Sinne eines nachhaltigen Klimaschutzes.

3. Über den Fotografen:

Der gelernte Schmied und Lichtbogenschweißer Gerhard Verfürth eignete sich die Kunst der Fotografie autodidaktisch an und war bereits 1958 Mitglied der Sezession Gelsenkirchener Lichtbildner (bis 2010). 1963 wurde dem Fotografen der Photokina-Obelisk für besondere Leistungen bei der Photokina in Köln verliehen.

Von 1972 bis 2009 war Gerhard Verfürth Kursleiter für Fotografie an der VHS Gelsenkirchen.

Verfürth beteiligte sich an Landes- und Bundesfotoschauen, sowie an internationalen Fotoausstellungen in Europa und Übersee und zahlreichen Jahresschauen Gelsenkirchener Künstler.

4. Über den Herausgeber:

Seit seiner Gründung im Jahr 2002 unterstützt der aGEnda 21-Förderverein nun schon nach Kräften eine nachhaltige Entwicklung in Gelsenkirchen: Von der Unterstützung des operativen Geschäftes des aGEnda 21-Büros bis hin zur Förderung von vielen aGEnda 21-Projekten und Aktivitäten der BürgerInnen-Arbeitskreise. "21 Euro für die aGEnda 21" - nach diesem Motto wurde der Jahresbeitrag bewusst niedrig angesetzt, darf gerne aber auch höher sein. Neue Mitglieder helfen der aGEnda 21 auch in Zukunft erfolgreich Projekte und Aktivitäten durchzuführen. Mit Kraft, Einsatzwillen, Phantasie, Kreativität und finanzieller Unterstützung gilt es auch in den kommenden Jahren anzupacken, damit Gelsenkirchen eine l(i)ebenswerte Stadt bleibt und die BürgerInnen weiter aktiv die Zukunft ihrer Stadt mitgestalten können.

Kontakt: aGEnda 21-Büro
Telefon: 0209 / 147 91 30
www.agenda21.info
www.kreativwerkstatt.org

5. Bücher, die wir empfehlen:

9,80 Euro

10,00 Euro

14,80 Euro

14,80 Euro

4,50 Euro

9,80 Euro

Diese Bücher erhalten Sie
im aGEnda 21-Büro und im Buchhandel

Horsterstraße

Foto: Werner Rybarski